Inhaltsverzeichnis

 nachspuren, schreiben, malen

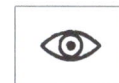 erkennen

 hören

 lesen

Feld zum Markieren erledigter Aufgaben

AF156034

Sp sp

1 Spure **Sp** und **sp** nach.

sparen   Spatz

Spinne   Spagetti

sprechen

Sp   sp   Sport

Spiegel

spannend   spielen

2 Schreibe **Sp** und **sp**.

Sp sp   Sp sp

Ich spreche am Anfang **Schp**, aber ich schreibe **Sp**.

Spinne

3 Spure **Sp** und **sp** wie in  **blau** nach.

Spure **sp** wie in **nicht** nach.

Spinne   Wespe   Sport   Spiel   lispeln

Knospe   sprechen   Kasper   sparen

Spinat   Spiegel   knuspern   spannend

Sp sp

1 Kreise ein.

2 Ordne nach Silben. Markiere die Silbenkerne.

| Sporthose | spielen | Spatz | Sp~~iel~~ | Spardose | Spinat |

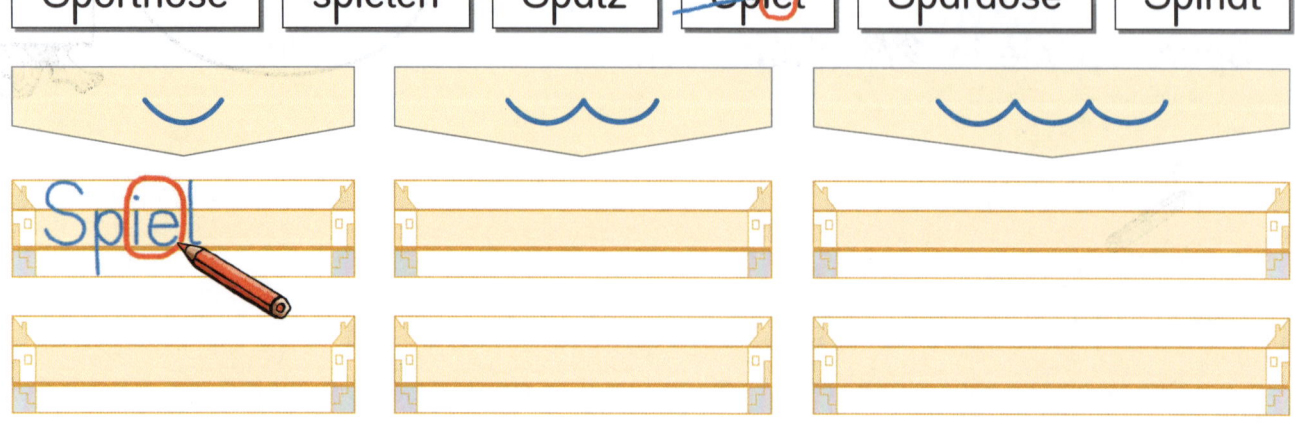

Spiel

Wörter mit dem Sp/sp-Laut einkreisen (Anlaut, Inlaut);
Wörter nach der Anzahl der Silben sortieren

Sp sp

1 Ordne zu und schreibe ab.

Opa spricht spanisch.	Lisa spart Geld.

Die Spinne baut ein Netz.	Tim spielt mit Imo.

Papa schaut in den Spiegel.	Im Schnee sind Spuren.

Opa

2

Maria spricht deutsch und spanisch.
Mit Mama spricht sie deutsch.
Mit Papa spricht sie spanisch.

hallo	selam	hola	hi
tschüss	güle güle	adios	bye
danke	tesekkür	gracias	thanks
eins	bir	uno	one
Mama	anne	mamá	mum

passende Sätze zuordnen; Sätze abschreiben

5

Sp sp

1 Finde alle Reime.

Spinne	Ziel	sprechen	zielen
Spatz	Schatz	spielen	brechen
Spiel	Rinne	spitzen	sitzen
Specht	Hecht	Speise	Nudel
Spitze	Wort	Spagetti	Konfetti
Sport	Witze	Sprudel	Reise

2 Wandle das Wort um.

die Reise

das Ziel

die Speise

das

die Rinne

der Hecht

die

der

die Witze

der Riegel

die

der

Reimwörter verbinden;
Wörter verwandeln und schreiben

Sp sp

1 Finde die passende Antwort.

| Legen Spinnen Eier? | Die meisten Spinnen haben acht Augen. |

Haben Spinnen drei Augen?

Spinnen legen Eier.

Haben Spinnen Ohren?

Die meisten Spinnen fressen Insekten.

Fressen Spinnen Insekten?

Spinnen haben keine Ohren.

2 Schreibe die richtige Antwort.

 Haben Spinnen drei Beine?

Nein, sie haben

 Bauen Spinnen ein Haus?

Nein,

 Haben Spinnen Ohren?

3 Schreibe eine Frage und die Antwort dazu.

Suche nach Spinnenarten. Tippe sie ab.

www.blinde-kuh.de

Sp sp

1 Ordne zu.

Lisa will spazieren gehen.
Sie sucht ihren zweiten Schuh.

Lisa sieht Imo mit ihrem Schuh.
Sie schimpft mit Imo.

Imo will spielen.
Er klaut Lisas Sportschuh.

Imo legt sich hinter den Spiegel.
Dort kaut er an Lisas Schuh.

2 Schreibe auf, was Imo will.

Imo

Sätze passend zur Bildergeschichte nummerieren;
Satz zum Bild schreiben

Sp sp

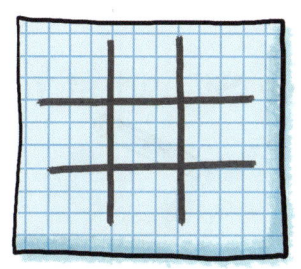

1 **Drei gewinnt**

Tim und Lisa spielen.

Zuerst zeichnen sie ein Spielfeld auf.

Wer drei Kreuze in einer Reihe hat, hat gewonnen.

So kann eine Reihe aussehen:

① 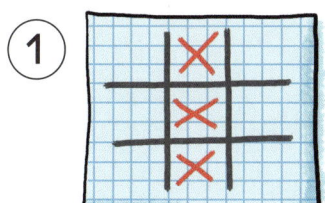   ② 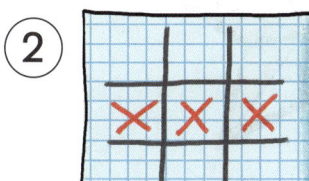   ③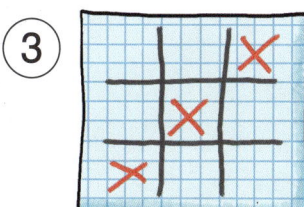

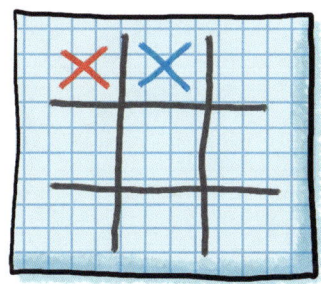

Tim beginnt.
Er zeichnet ein
rotes Kreuz ein.

Nun ist Lisa dran.
Sie zeichnet ein
blaues Kreuz ein.

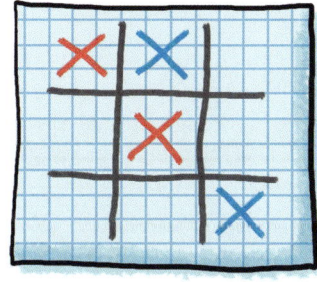

Tim setzt
ein zweites rotes
Kreuz.

Auch Lisa setzt
ein zweites Kreuz.

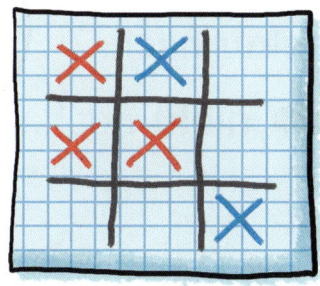

Tim zeichnet
sein drittes Kreuz.

2 Sprich mit einem Partnerkind:
Kann Lisa das Spiel noch gewinnen?

Spielanleitung lesen; Spiel mit einem Partner spielen;
Frage beantworten

St st

1 Spure **St** und **st** nach.

St

stehen

Stern

Stein

Stempel

Stift   still   Stunde

stolpern   st   stellen

2 Schreibe **St** und **st**.

St st   St st

3 Spure **St** und **st** wie in ⭐ **blau** nach.

Spure **st** wie in 📦 oder 🪺 **nicht** nach.

Ich spreche am Anfang **Scht**, aber ich schreibe **St**.

Stern   Kiste   Stall   Nest   streichen

stehen   Liste   Weste   Stein   Mast

Stift   Stunde   Ast   Stufe   steigen

10   St/st nachspuren; St/st schreiben;
unterschiedliche Sprechweise von St/st am Wortanfang und im Wort beachten

St st

1 Kreise ein.

2 Setze die Silben zusammen.

| Stei | Stif | Stem | | fel | fen | pel |
| Stie | Stu | Ster | | te | ne | ne |

Stei

St st

1 Ordne zu und schreibe ab.

Oma steht still.   Papa streichelt Imo.

Paul streitet mit Dana.   Mama ist stolz auf Tim.

Lisa schreibt mit dem Stift.   Tim steht neben dem Stuhl.

Oma

2

Tom und Lea sind stolz.
Tom kann auf Stelzen gehen.
Lea kann auf einem Bein stehen.

passende Sätze zuordnen; Sätze abschreiben

St st

1 Finde alle Reime.

Strand	Laub	Sturm	Turm
Stein	Bein	Stiel	Kern
Staub	Hand	Stern	Ziel
Stamm	Feuer	stehen	leiten
Steuer	Lamm	steigen	sehen
Stunde	Hunde	streiten	zeigen

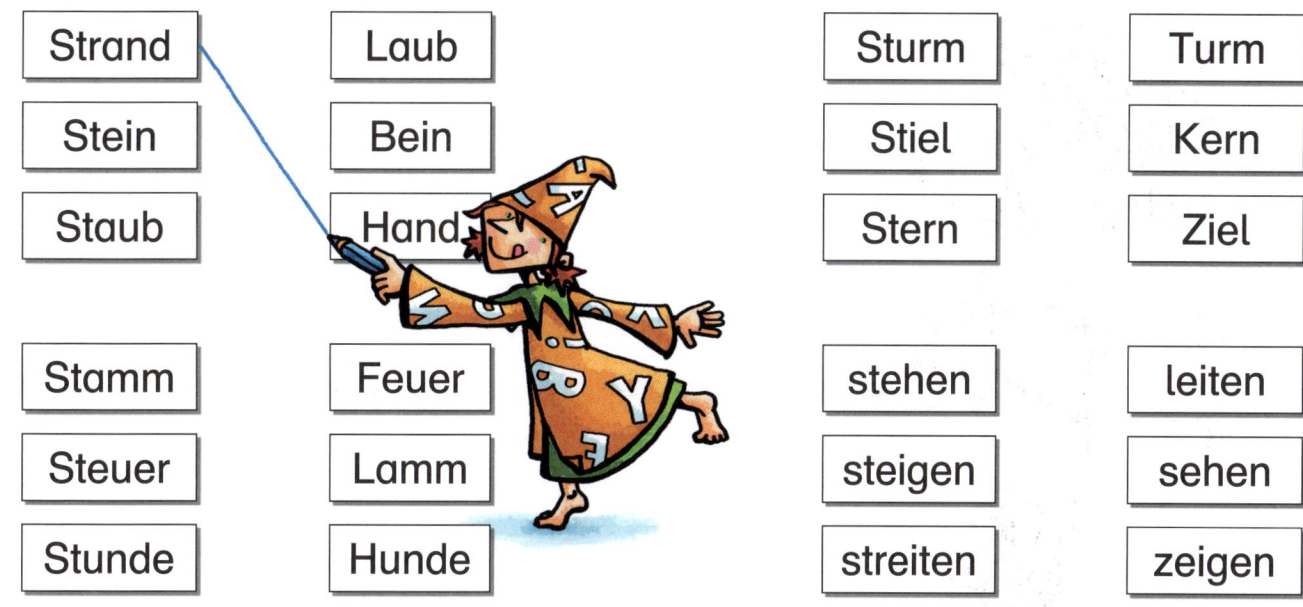

2 Wandle das Wort um.

die Spritze

das All

die Spitze

der

der Sturm

der Rand

der

der

streiten

stechen

St st

1 Kreuze den passenden Satz an.

Tim steht am Kiosk und kauft Eis.
Tim steht im Kiosk und kauft Eis.

Der Stuhl steht auf dem Bett.
Der Stuhl steht neben dem Bett.

Die Stiefel stehen unter dem Stuhl.
Die Stiefel stehen auf dem Stuhl.

Die Lampe steht neben dem Stuhl.
Die Lampe steht auf dem Stuhl.

2 Schreibe auf, wo die Sachen stehen.

Die Kiste steht im

passende Sätze ankreuzen; passende Sätze schreiben

St st

1 Lies und ordne die Namen den Steinen zu.

Bunte Steine

Stefka, Tim und Paul haben am Strand
ein paar Steine gesammelt.
Sie wollen ihre Steine ausstellen.
Sie bemalen die Steine und
stellen Namenskarten dazu.

Pauls Stein ist ganz flach.
Er bemalt ihn mit einem Gesicht.

Stefka nimmt einen runden, glatten Stein.
Sie bemalt ihn mit bunten Streifen.

Mit einem roten Stift malt Tim
Kreise und Striche auf seinen Stein.

2 Gestalte einen Stein und schreibe dazu.

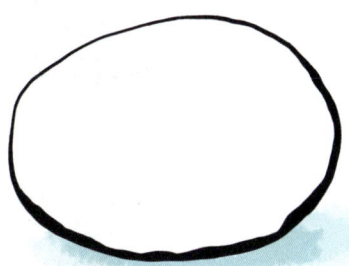

Mein Stein

St st

1 **Sterne**

Tim und Papa schauen die Sterne am Himmel an.

„Schau mal! Diese Sterne strahlen besonders hell!", sagt Tim.

Papa stellt das Fernrohr scharf.
„Das ist das Sternbild Stier", sagt Papa.

Tim stellt eine Frage:
„Ist die Sonne auch ein Stern?"

Papa antwortet:
„Die Sonne ist auch ein Stern.
Menschen, Tiere und Pflanzen brauchen
die warmen Strahlen der Sonne."

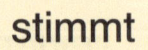 Lesepate:

2 Unterstreiche oben und
kreuze richtig an.

	stimmt	stimmt nicht
Papa und Tim schauen fern.	◯	✗
Papa stellt das Fernrohr scharf.	◯	◯
Es gibt das Sternbild Stier.	◯	◯
Die Sonne ist ein Stern.	◯	◯
Wir brauchen die warmen Strahlen der Erde.	◯	◯

  Text lesen; Textstellen unterstreichen, stimmt oder stimmt nicht ankreuzen

Ä ä

1 Spure die Umlaute **Ä** und **ä** nach.

Zähne

Äpfel

Bär   Märchen

zählen

Rätsel   Käfer

Mädchen   Käse

2 Schreibe die Umlaute **Ä** und **ä**.

3 Kreise **Ä** und **ä** ein und schreibe die Sätze ab.

Wind bläst durch die Blätter.
An den Ästen schaukeln Äpfel.

Ä ä

1 Ordne zu und ergänze.

Käse
ä̲ ̲e̲

Bär

Wärmflasche

Mädchen

Zähne

Käfer

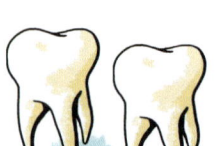

2 Schreibe.

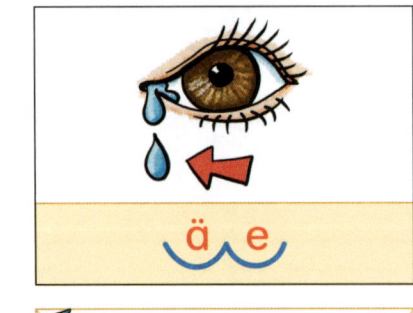

ä̲ ̲e̲

ä̲ ̲e̲

ä̲

Vokale (Silbenkerne) markieren, Bilder mit passenden Wörtern verbinden;
passende Wörter schreiben

1 Spure die Umlaute **Ö** und **ö** nach.

zwölf

Körper

Öl König

Löwe böse

hören

schön

können Flöte

2 Schreibe die Umlaute **Ö** und **ö**.

3 Kreise **ö** ein und schreibe die Sätze ab.

Der Löwe ist der König der Tiere.
Sein Körper ist schön.

1 Kreise ein.

2 Ordne nach Silben. Markiere die Silbenkerne.

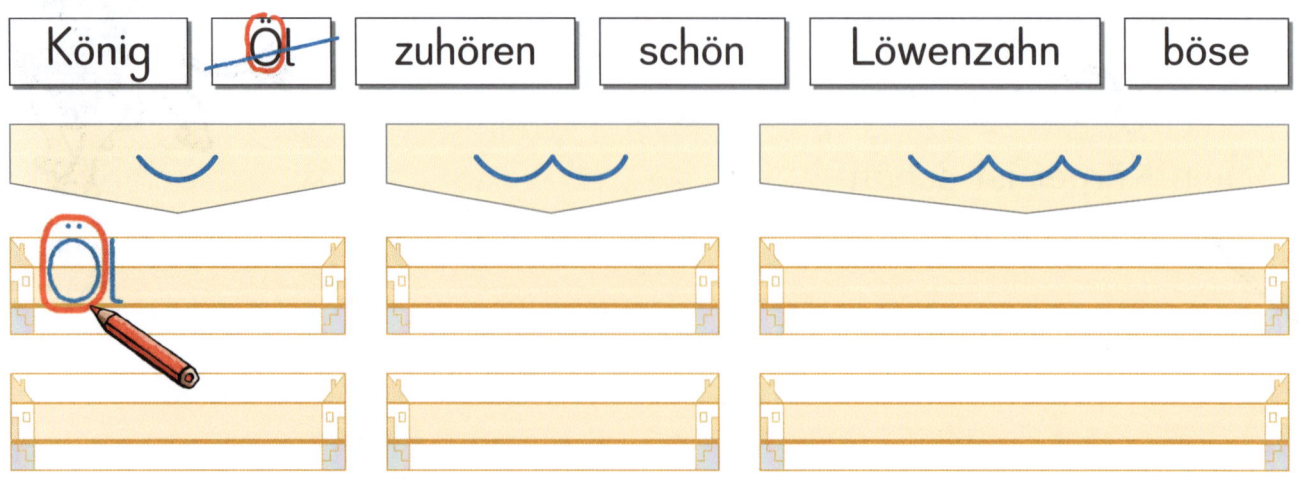

König   Öl   zuhören   schön   Löwenzahn   böse

Wörter mit dem Ö/ö-Laut einkreisen (Anlaut, Inlaut);
Wörter nach der Anzahl der Silben sortieren

1 Spure die Umlaute **Ü** und **ü** nach.

Füller
dürfen
über · für
Gemüse
Tür · üben
grün
müssen
wünschen
Blüte

2 Schreibe die Umlaute **Ü** und **ü**.

3 Kreise **ü** ein und schreibe den Satz ab.

Fünf Zwerge mit fünf Mützen
hüpfen über nasse Pfützen.

1 Kreise ein.

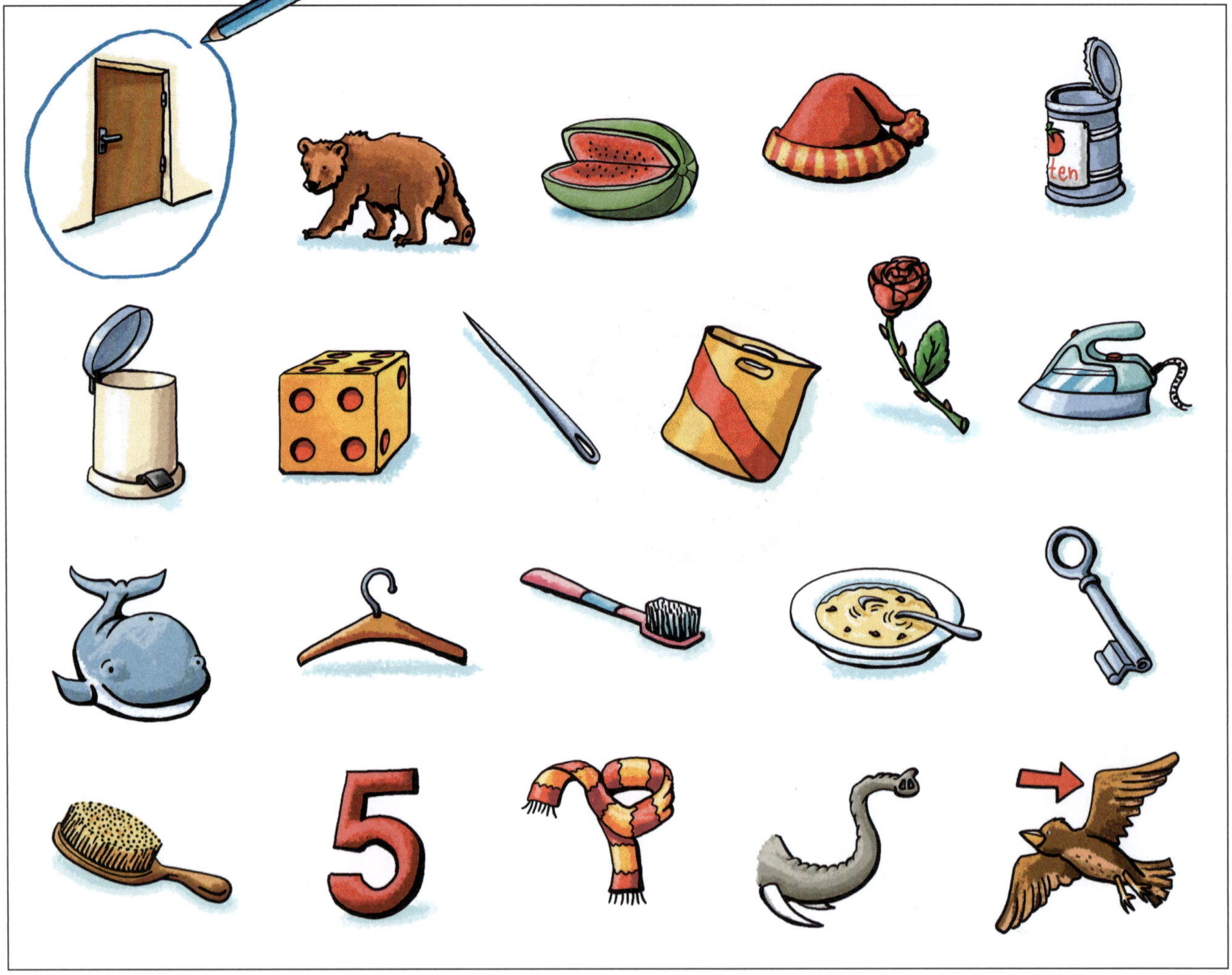

2 Ordne nach Silben. Markiere die Silbenkerne.

| grün | für | Gemüse | Schüler | Zahnbürste | Blüte |

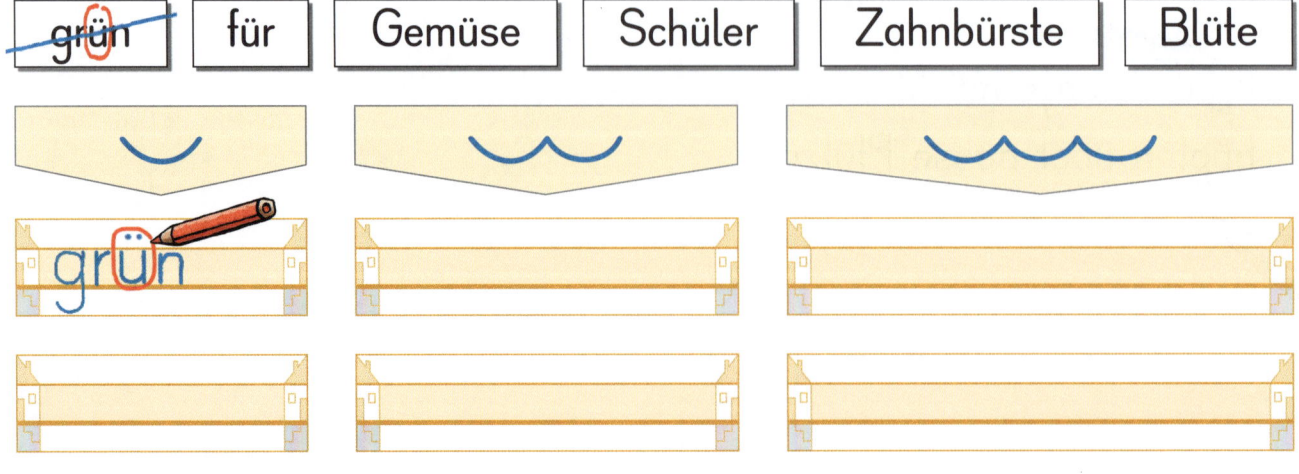

Wörter mit dem Ü/ü-Laut einkreisen (Inlaut);
Wörter nach der Anzahl der Silben sortieren

1 Schreibe die Wörter in der Einzahl und Mehrzahl auf.

| Kopf | Topf | ~~Korb~~ |

ein — **mehrere**

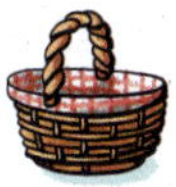

ein Korb — zwei Körbe

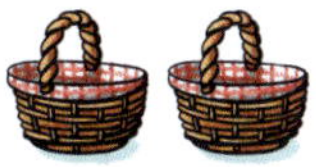

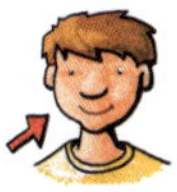

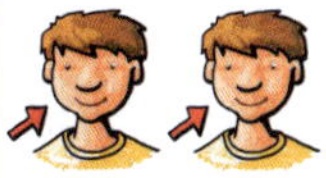

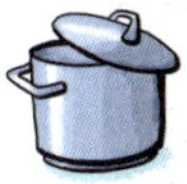

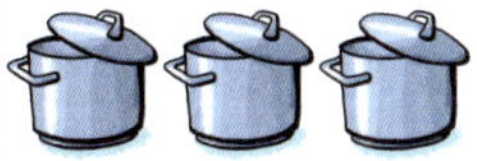

| Kuh | Wurst | Nuss |

eine — **mehrere**

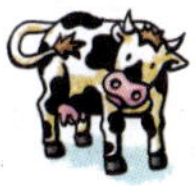

eine Kuh — drei Kühe

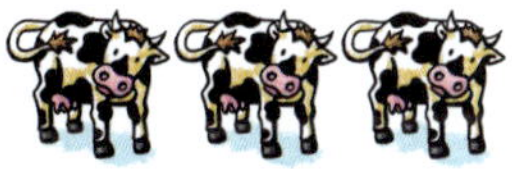

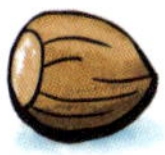

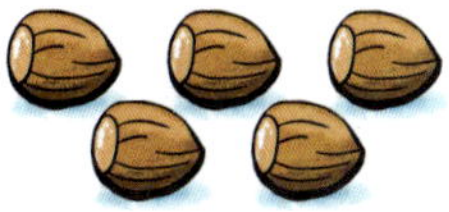

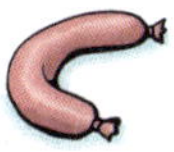

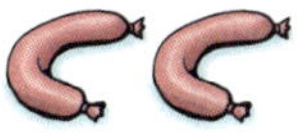

| Zahn | ~~Saft~~ | Apfel |

ein — **mehrere**

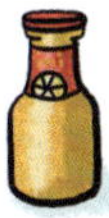

ein Saft — zwei Säfte

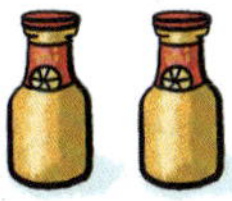

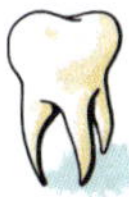

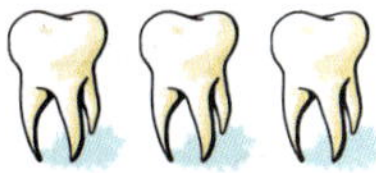

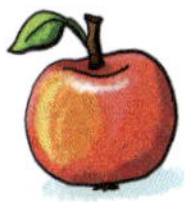

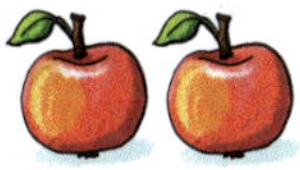

1 Ordne zu.

| 1 | Wasche und zerschneide die Salatblätter. |

| 2 | Gib die Salatblätter in eine Schüssel. |

| 3 | Mische zwei Esslöffel Öl und einen Teelöffel Essig. Würze mit Salz und Pfeffer. |

| 4 | Gib den Essig und das Öl in die Schüssel und rühre den Salat um. Guten Appetit! |

2 Schreibe, was in deinem Salat ist.

 Ää  Öö  Üü

1 Lies den Abzählreim.

> Die Äpfel sind rund.
>
> Die Äpfel sind bunt.
>
> Ich trage sie ins Haus
>
> und du bist raus.

... und du bist raus!

2 Aus welchen Ländern kommen diese Abzählreime?
Überlege mit einem Partnerkind und ordne zu.

England		Eins, zwei, drei, du bist frei.
Türkei		One, two, three, out goes she.
Italien		Bir, iki, üç, elim sende.
Deutschland		Uno, due, tré, spaghetti, patate, caffé.

3 Schreibe einen Abzählreim.

Welche Abzählreime kennt ihr noch in eurer Klasse? Tauscht euch aus!

1 Kreuze passende Sätze an.

Ich finde es schön,

○ wenn sich die Blätter im Herbst rot färben.

○ wenn mich mein kleiner Bruder anlächelt.

○ wenn ich mit Opa in Büchern stöbere.

○ wenn ich nicht so früh aufstehen muss.

○ wenn mich Mama im Arm hält.

Ich finde es nicht so schön,

○ wenn andere Kinder über mich lachen.

○ wenn mich meine ältere Schwester ärgert.

○ wenn andere trödeln.

○ wenn mir keiner zuhört.

○ wenn mein bester Freund plötzlich auf mich wütend ist.

Was findest du schön?

2 Schreibe passende Sätze.

Ich finde es schön, wenn

Ich finde es nicht so schön, wenn

Text lesen, passende Aussagen ankreuzen; aufschreiben, was man schön oder nicht schön findet

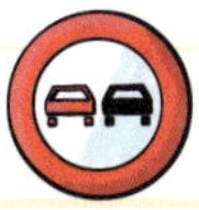

1 Ordne zu und schreibe ab.

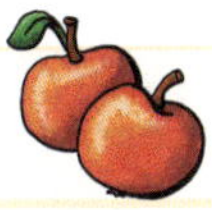

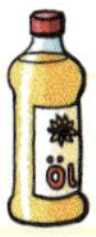

| Der Zwerg trägt eine Mütze. | Der Kater trägt Stiefel. |

| Der Prinz küsst Dornröschen. | Rapunzel hat zwei Zöpfe. |

| Frau Holle schüttelt Betten aus. | Der böse Wolf ist im Wald. |

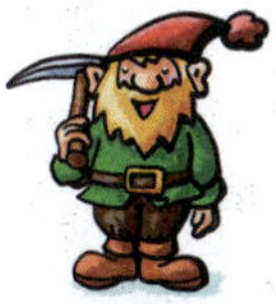

Der Zwerg

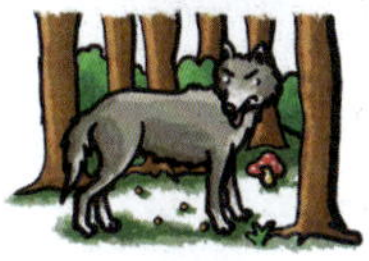

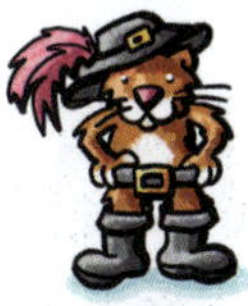

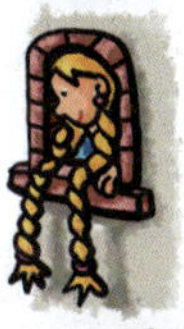

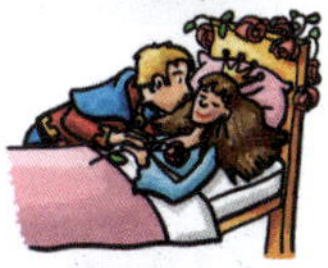

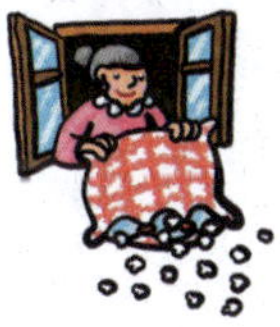

2

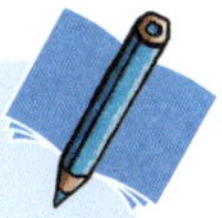

Die Klasse führt ein Märchen auf.
Özlem spielt Rotkäppchen.
Leon spielt den bösen Wolf.

Mein Lieblingsmärchen ist …

1 Ordne zu.

Märchen

1 Rotkäppchen trifft im Wald
den bösen Wolf.
Er fragt das Mädchen,
wohin es geht.

2 Der Froschkönig hilft der Prinzessin.
Er holt ihre goldene Kugel
aus dem Brunnen.

3 Der Prinz küsst Dornröschen.
Dornröschen erwacht aus
einem tiefen Schlaf.

4 Aschenputtel muss
Linsen aufsammeln.
Die Tauben helfen mit.

2 Schreibe auf, wen der Prinz küsst.

Der

Texte lesen, Bilder zuordnen;
Satz zum Bild schreiben

1 **Die drei Wünsche**

nach den Brüdern Grimm

Erzähler: Es waren einmal ein armer Mann und seine Frau.
Sie hatten drei Wünsche frei.
Sie überlegten hin und her,
was sie sich wünschen könnten.

Frau: Ach, immer nur altes Brot.
Ich wünschte, wir hätten Würstchen!

Erzähler: Kaum hatte sie das gesagt,
wurde ihr Wunsch erfüllt.

Mann: Oh nein!
Nun ist der erste Wunsch schon weg!
Ich wünschte, das Würstchen
würde an deiner Nase kleben!

Erzähler: Kaum hatte er das gesagt,
wurde auch
der zweite Wunsch erfüllt.

Mann: Oh weh! Deine Nase
sieht ganz schön komisch aus.
Ich wünschte, das Würstchen
wäre wieder weg!

Erzähler: Nun waren alle Wünsche weg
und die beiden blieben
so arm wie bisher.

Es waren einmal …

Ich wünschte, wir hätten Würstchen!

…

Lesepate:

2 Ergänze die Bilder.

ng

1 Spure **ng** nach.

Zunge Frühling

bringen eng

Ring Schlange

Zeitung singen Stängel

2 Schreibe **ng**.

ng   ng

3 Kreise **ng** ein und schreibe den Satz ab.

An einer Hand sind fünf Finger:
Daumen, Zeigefinger, Mittelfinger,
Ringfinger und kleiner Finger.

ng

1 Ordne zu.

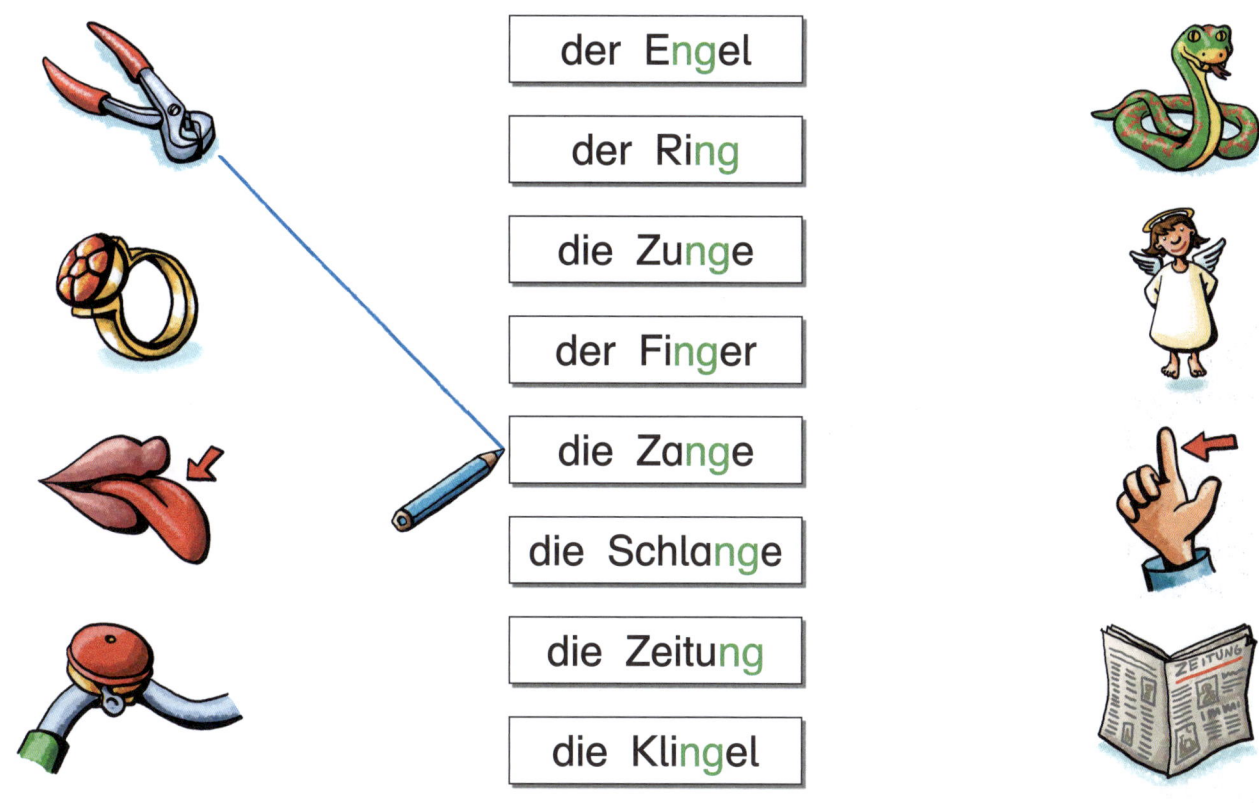

der Engel

der Ring

die Zunge

der Finger

die Zange

die Schlange

die Zeitung

die Klingel

2 Trage **ng** passend ein.

Bilder mit passenden Wörtern verbinden;
Stellung des ng-Lautes abhören (Inlaut, Auslaut)

ng

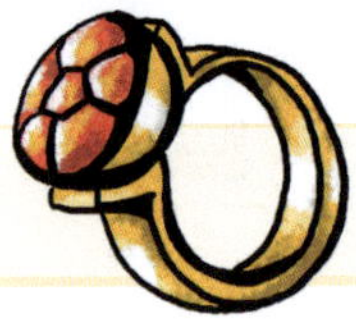

1 Ordne zu und schreibe ab.

~~Lisa kocht Pudding.~~   Tim langweilt sich.

Das Telefon klingelt.   Mama singt ein Lied.

Imo bringt die Zeitung.   Das Bild hängt schief.

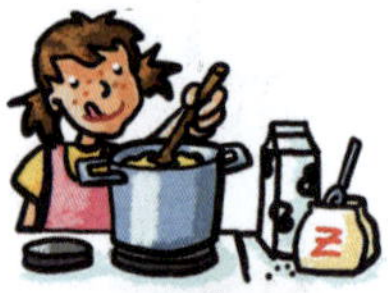

Lisa

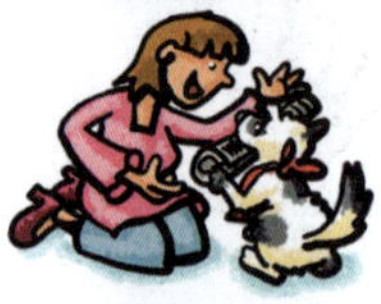

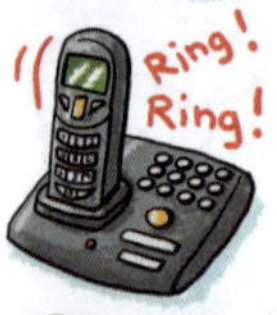

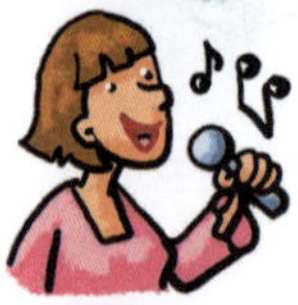

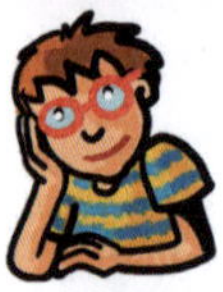

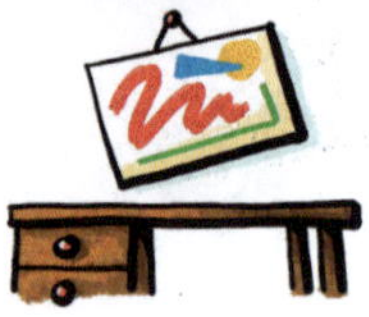

2

Tim langweilt sich.
Da klingelt es an der Tür.
Es ist Tims Freund Ingo.
Er bringt ein neues Spiel mit.

Alles gegen Langeweile   Lesen   Ball spielen   basteln

   passende Sätze zuordnen; Sätze abschreiben

ng

1 Besondere Tiere

<u>Giraffen haben</u> einen langen Hals
und <u>eine lange Zunge.</u>
So können sie auch die Blätter
hoher Bäume fressen.

Pinguine haben Flügel.
Aber sie können nicht fliegen.
Pinguine schwimmen und tauchen sehr gut.
Die Flügel benutzen sie dabei als Flossen.

Schlangen haben zwar eine Nase,
noch besser riechen sie aber
mit ihrer Zunge. Deshalb züngeln
Schlangen so oft.

2 Unterstreiche oben und
kreuze richtig an.

	stimmt	stimmt nicht
Giraffen haben eine lange Zunge.	X	
Pinguine können sehr gut fliegen.		
Pinguine können nicht tauchen.		
Schlangen haben eine Nase.		
Schlangen hören mit der Zunge.		

ng

Im Schwimmbad

1 Betrachte das Bild.

Verbinde und schreibe die Sätze ab.

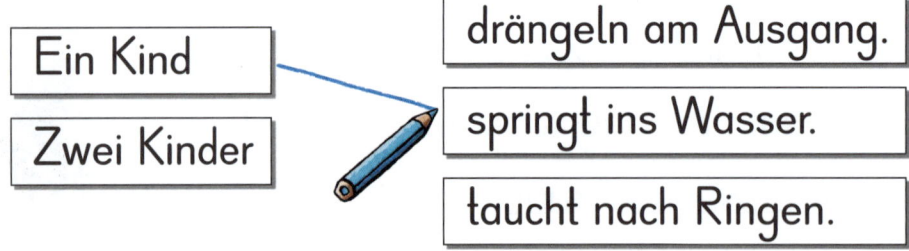

Ein Kind		drängeln am Ausgang.
Zwei Kinder		springt ins Wasser.
		taucht nach Ringen.

Ein Kind

2 Schreibe weitere Sätze zum Bild.

zum Bild passende Sätze bilden und schreiben

ng

1 Angsthase

Alle Kinder sind schon gesprungen.
Ich will auch springen.

Langsam kletterte ich den Sprungturm hoch.
Meine Beine fangen an zu zittern.
Auf dem Sprungbrett habe ich
dann fürchterliche Angst.
Ich kann nur noch krabbeln.
Ich traue mich doch nicht zu springen.

Leon zeigt mit dem Finger auf mich
und ruft: „Tom ist ein Angsthase!"

Das ist mir aber egal.
Ich springe nur,
wenn ich es
wirklich selbst will.

Lesepate:

2 Kreuze an und begründe: ◯ Tom springt, ◯ Tom springt nicht,

weil  _____

_____

3 Sprecht miteinander: Was meint dein Partnerkind?
Welche Meinung haben andere Kinder in der Klasse?

Äu äu

1 Spure **Äu** und **äu** nach.

Häuser
Kräuter
Mäuse
Bäume
Äuglein
Räuber
Läufer
träumen

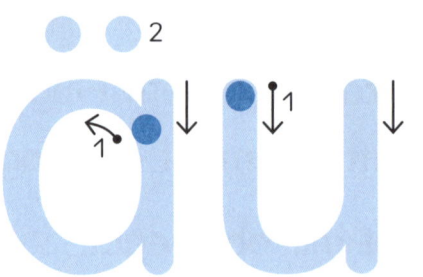

2 Schreibe **Äu** und **äu**.

Äu äu

3 Kreise **äu** ein und schreibe den Satz ab.

Wenn Mäuse träumen, sehen sie
Häuser aus Käse unter Bäumen.

Äu äu

1 Ordne zu und ergänze.

der Zaun
au

die Zäune

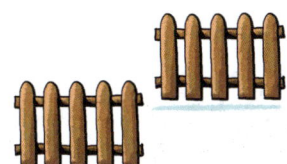

der Traum

die Träume

der Strauch

die Sträucher

2 Schreibe.

äu e

äu e

äu e

Äu äu

1 Ordne zu und schreibe ab.

| Mäuse mögen Käse. | Imo träumt häufig. |

| Der Läufer läuft ins Ziel. | Die Seife schäumt. |

| Die Bäume tragen Früchte. | Das Telefon läutet laut. |

Mäuse

2

Ich träume.
Ich fliege über Häuser
und Bäume.

passende Sätze zuordnen; Sätze abschreiben

Äu äu

1 Schreibe die Wörter in der Einzahl und Mehrzahl auf.

| Baum | Haus | Strauch | Bauch | Kraut |

ein	mehrere
 ein Baum	zwei Bäume 

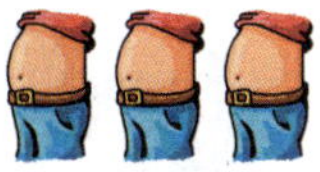

2 Alles wird klein. Schreibe auf.

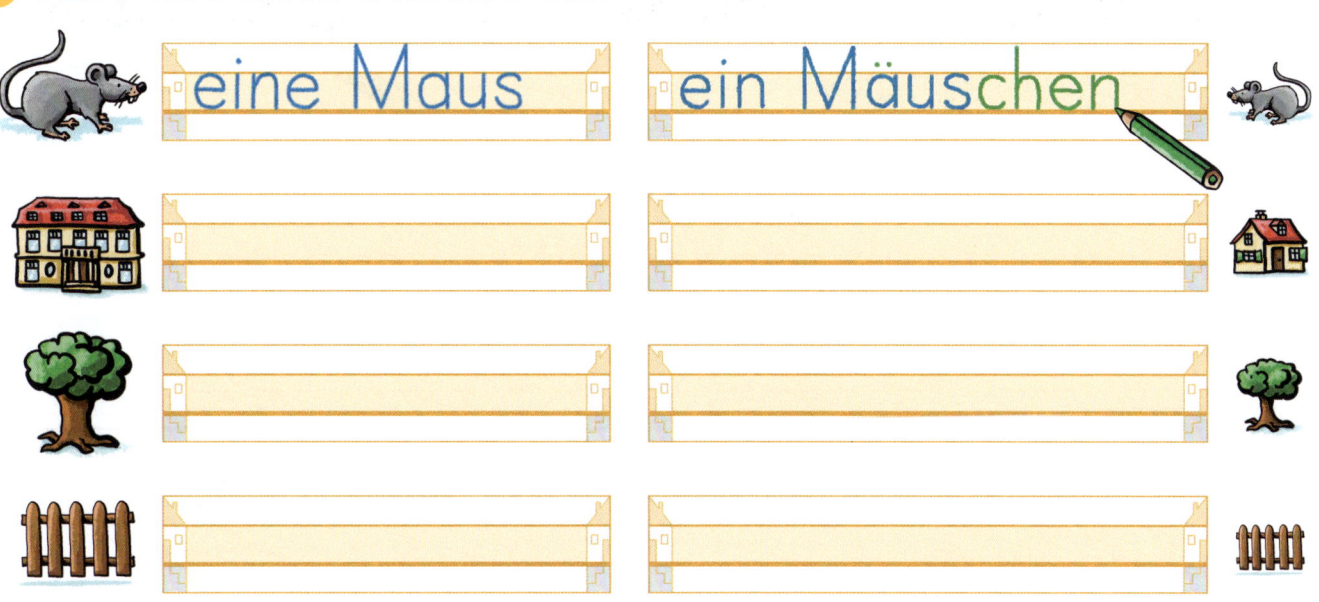

eine Maus	ein Mäuschen

Wörter passend zuordnen, Mehrzahl bilden;
Wörter mit der Verkleinerungsform -chen bilden

Äu äu

1 Kreuze den passenden Satz an.

Lisa sieht das Mäuschen in der Kiste. ○
Lisa sieht das Mäuschen auf der Kiste. ✗

Lisa räumt das Häuschen in den Käfig. ○
Lisa räumt das Häuschen neben den Käfig. ○

Lisa stellt das Auto unter das Bett. ○
Lisa stellt das Auto in das Bett. ○

Lisa legt den Ball in den Korb. ○
Lisa legt den Korb auf den Ball. ○

2 Schreibe auf, wo die Sachen sind.

Das Mäuschen ist auf der

passende Sätze ankreuzen;
aufschreiben, wo die Sachen sind

Äu äu

1 Ordne zu.

Das Mäuschen

| 1 | Das Mäuschen schläft im Mäusenest und träumt. |

| 2 | Es riecht köstlich nach Käse. Das Mäuschen wacht auf und schaut aus dem Loch. |

| 3 | Der Käse liegt auf dem Tisch. Schnell klettert das Mäuschen hinauf. |

| 4 | Die Katze mit ihren scharfen Krallen sieht die Maus auf dem Tisch. |

| 5 | Schnell läuft das Mäuschen weg. Die Katze rennt hinterher. |

2 Schreibe das Ende der Geschichte auf.

1

Buche

Tanne

Apfelbaum

Birnbaum

Bäume

Bäume sind riesige Lebewesen.

Sie können sehr alt werden.

Kiefer

Birke

Sie spenden uns Schatten.

Sie säubern die Luft.

Sie bieten Tieren Schutz.

Kirschbaum

Pfirsichbaum

Wir mögen ihren Duft.

Wir nutzen ihr Holz.

Wir essen ihre Früchte.

Eiche

Pflaumenbaum

Lesepate:

2 Schreibe Baumnamen auf.

Waldbäume

Obstbäume

Eiche

www.fragfinn.de

Suche nach
Baumnamen.

Text lesen; Baumnamen sortieren und schreiben

1 Spure **V** und **v** nach.

vor
Vater
vorsichtig
Vase
von
voll
Vogel
viel
versuchen
vier

2 Schreibe **V** und **v**.

3 Kreise **V** und **v** ein und schreibe die Sätze ab.

Wörter mit **V v** musst du dir merken.

Vater nimmt vorsichtig den Verband ab.
Die Wunde ist schon gut verheilt.

V v

V v wie in **V**ogel – **V v** wie in **V**ase

1 Unterscheide.

Vogel	Vase	Vampir	Vulkan	viel
vor	versuchen	Klavier		Pullover
Verkehr	Kurve	vier	voll	Pulver
November	Olive	Vater	Verband	

2 Schreibe die Wörter auf.

V v wie in Vogel	V v wie in Vase

Lautqualitäten des V/v-Lautes unterscheiden;
Bildwörter verschriften

V v

1 Ordne zu und schreibe ab.

| Vater holt Tim ab. | Das Glas ist voll. |

| Der Vulkan bricht aus. | Lisa spielt Klavier. |

| Der Vampir mag den Vollmond. | Vögel bauen Nester. |

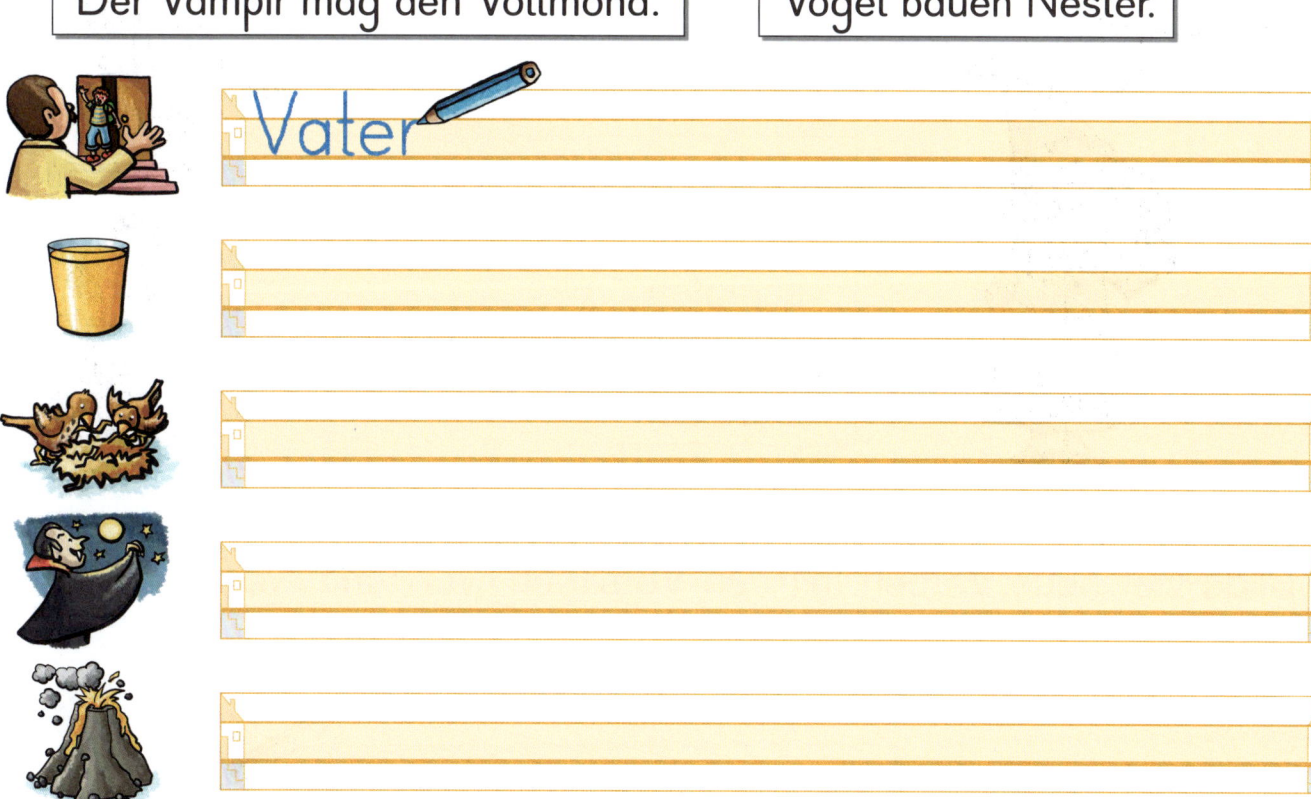

Vater

2

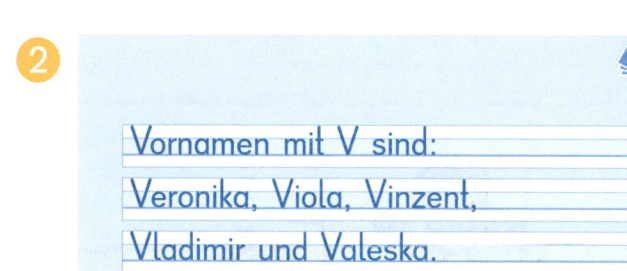

Vornamen mit V sind:
Veronika, Viola, Vinzent,
Vladimir und Valeska.

Ich suche
Vornamen
mit V.

Volker   Vanessa
Viktor   Viktoria
Valentin   Valeria

V v

1 Verbinde die Wörter (Verben) mit den Bildern.

Wer tut was?

Verben sagen, was man tut.

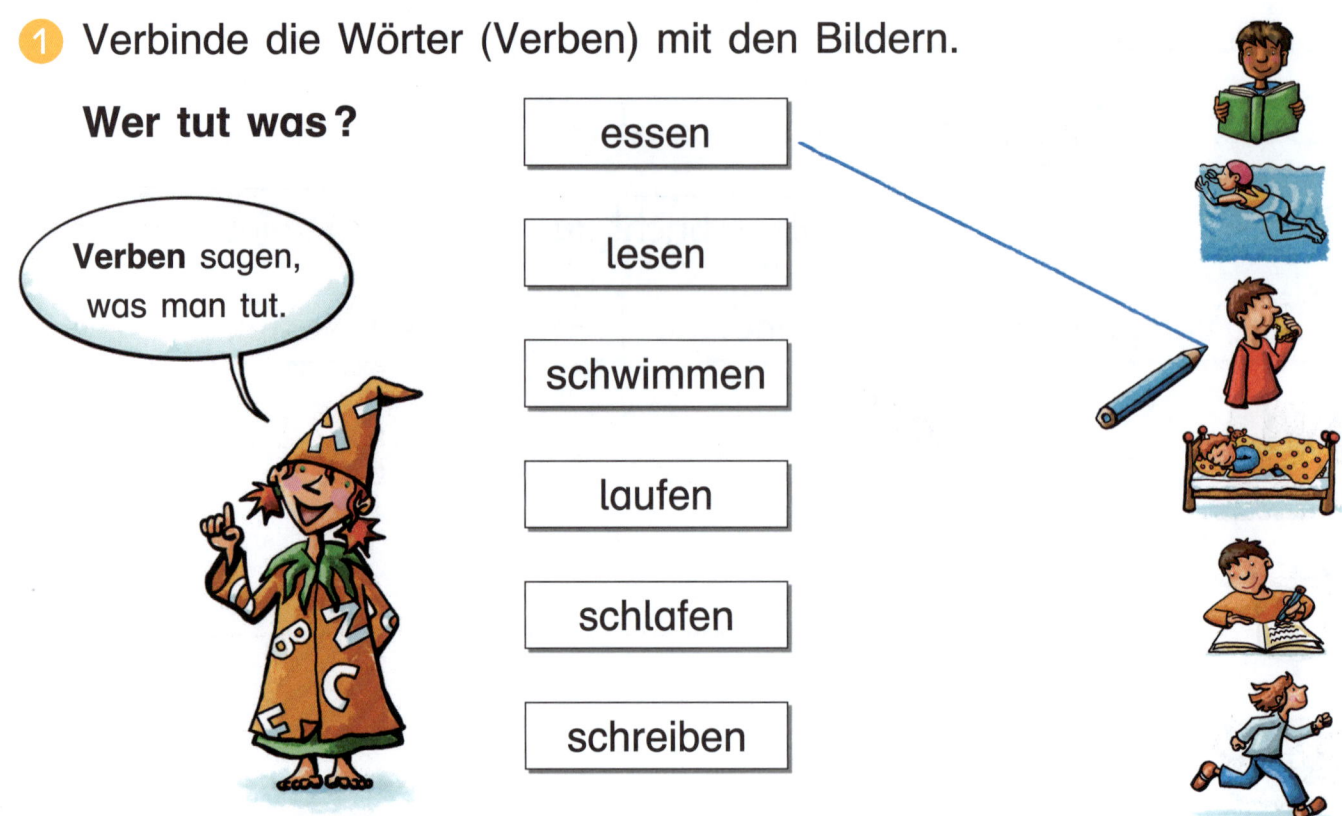

essen

lesen

schwimmen

laufen

schlafen

schreiben

2 Bilde vier neue Verben mit den Vorsilben vor und ver .

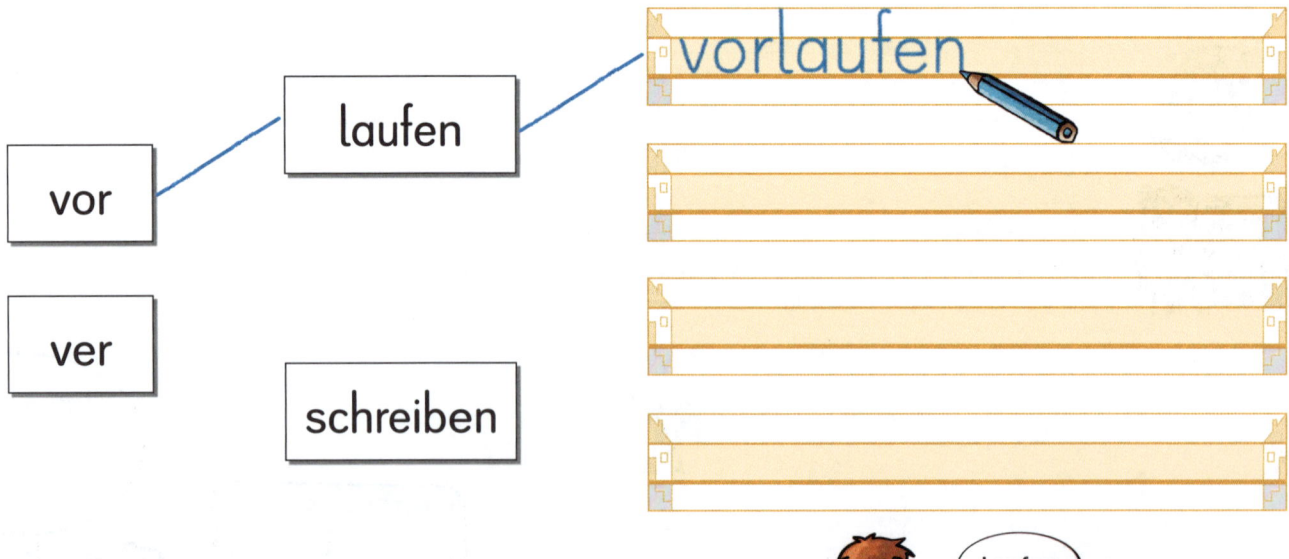

vor

ver

laufen

schreiben

vorlaufen

3 Spielt miteinander Verbenraten.
Ein Partnerkind muss erraten,
was du tust.

laufen

Verben mit Bildern verbinden;
Verben mit vor- und ver- bilden und schreiben; Verben pantomimisch darstellen

V v

Viele Vögel

1 Betrachte das Bild.
Verbinde und
schreibe die Sätze ab.

Ein Vogel — baut ein Nest.

badet in der Pfütze.

frisst viele Körner.

Ein Vogel

2 Schreibe weitere Sätze zum Bild.

V v

1 Viele Berufe

Mama arbeitet auf der Unfallstation.
Dort sind immer viele verletzte Personen.
Oft muss Mama Wunden verbinden.
Manchmal arbeitet sie auch nachts
oder am Wochenende.

Mein Vater ist oft
auf Baustellen.
Dort gibt es Bagger und Gerüste.
Deshalb müssen alle
sehr vorsichtig sein.

~~~~*~~*~~*~~*

Meine Mama ist Verkäuferin.
Sie verkauft schöne Kleider.
Manchmal muss sie zu einer
Ausstellung und dazu verreisen.

~~~~*~~*~~*~~*

Du kannst deine Sätze auch abtippen.

Mein Papa arbeitet …

2 Schreibe, was du später werden möchtest.

Texte lesen; Berufswunsch aufschreiben

V v

1 Der kleine Kater

Der kleine hungrige Kater

sucht Vera und ihren <u>Vater</u>.

„Ich will sofort was fressen!
Haben die beiden mich vergessen?"
Mit einem Satz springt das Tier

auf das _____.

Es landet mit allen vier Pfoten

auf Vaters kostbaren _____.

Dann springt es auf den Tisch
und stupst mit der Nase

gegen Omas alte _____.

Der Vater ruft: „Das ist verboten!

Runter jetzt mit deinen _____!"

Die Mutter hält das alles nicht mehr aus
und setzt Nervensäge und Futter

vor das _____.

Der kleine Kater schaut vergnügt,
weil der volle Teller ihm genügt.

Lesepate:

J j

1 Spure **J** und **j** nach.

Jahr   Juli

Jäger   jagen

jung   Judo

Junge   ja   jeder

2 Schreibe **J** und **j**.

3 Kreise **J** und **j** ein und schreibe die Sätze ab.

Ronja ist ein Jahr älter als Jan.
Jan ist ein Jahr jünger als Ronja.

J/j nachspuren; J/j schreiben;
J/j in den Sätzen einkreisen, Sätze abschreiben

J j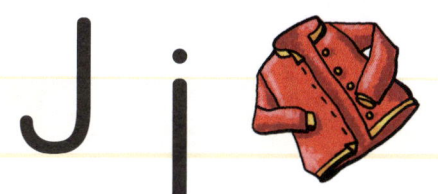

1 Kreise ein.

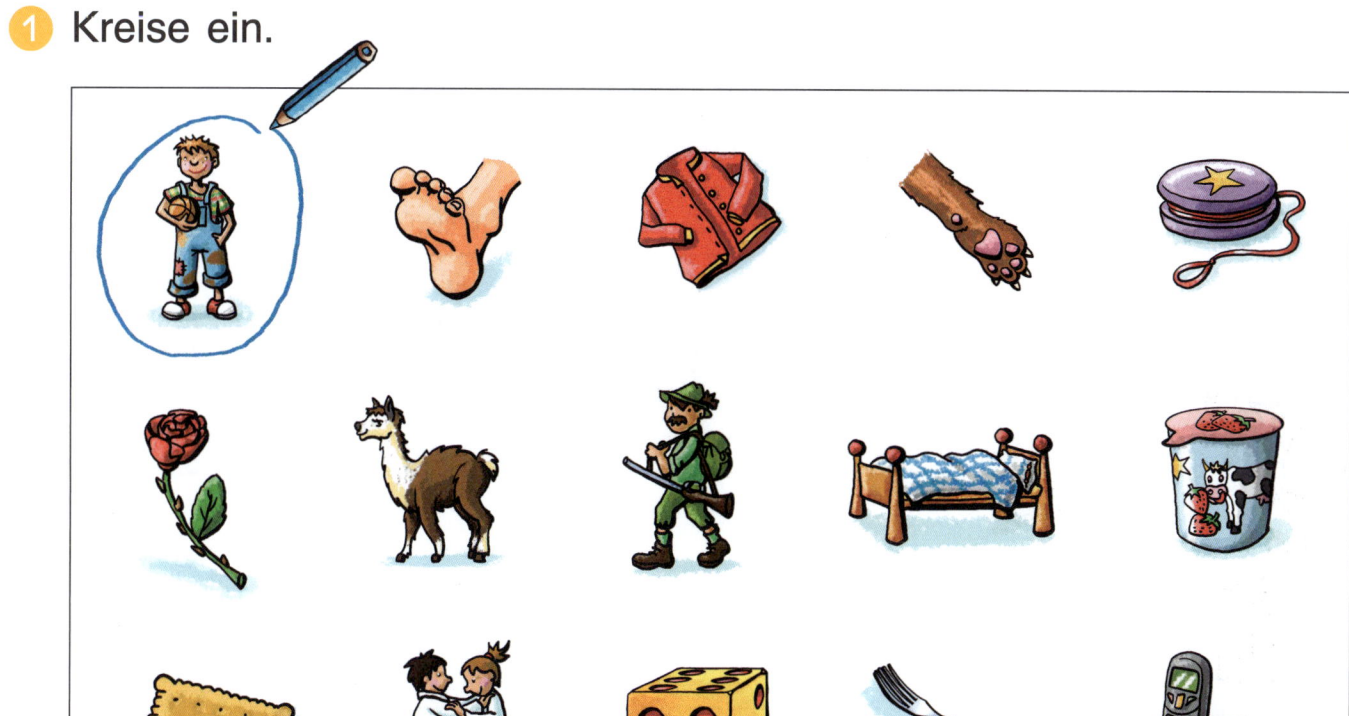

2 Ordne nach Silben. Markiere die Vokale (Silbenkerne).

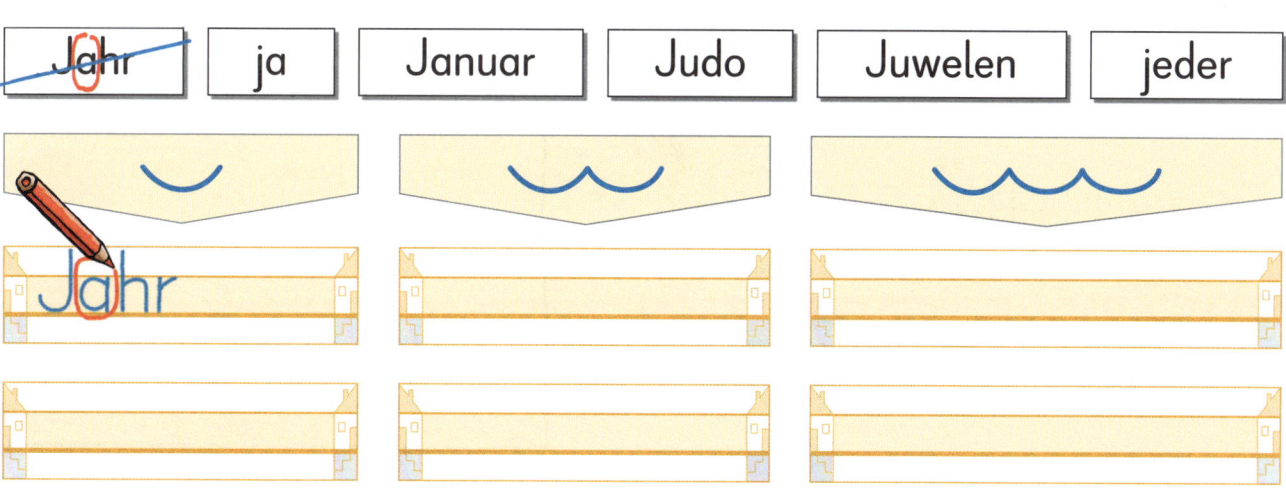

| Jahr | ja | Januar | Judo | Juwelen | jeder |

J j

1 Ordne zu und schreibe ab.

~~Finja kann Judo.~~	Der Junge jubelt.
Das ist Janeks Jo-Jo.	Die Katze jagt die Maus.
Lisa wird sieben Jahre alt.	Der Jaguar ist ein Raubtier.

2

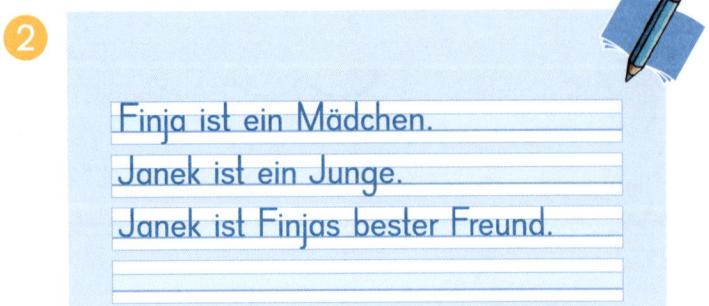

Finja ist ein Mädchen.
Janek ist ein Junge.
Janek ist Finjas bester Freund.

Jungen
in unserer Klasse

Mädchen
in unserer Klasse

Janek

Jule

passende Sätze zuordnen; Sätze abschreiben

J j

1 Schreibe auf, was du gern machst.

Ich bin ein Mädchen.   Ich bin ein Junge.

2 Verbinde. Wer könnte das sagen:
ein Mädchen,
ein Junge
oder beide?

Ich vermute …

Ich spiele sehr gerne Gitarre.

Am liebsten höre ich Musik.

Fahrrad fahre ich gerne.

Ich spiele gerne mit Jungen.

Ich tanze gerne.

ein Junge

beide

ein Mädchen

Gerne spiele ich mit Mädchen.

Ich spiele am liebsten mit meiner Rennbahn.

nur Jungen	beide	nur Mädchen
	Judo	

Ich gehe gerne zum Judo.

3 Sprich mit einem Partnerkind darüber.

J j

Frühling, Sommer, Herbst und Winter

1 Trage die passende Jahreszeit ein.

Es ist die grünste Jahreszeit.
Die Tage werden länger.
Viele Pflanzen blühen.

Es ist der  Frühling

Es ist die wärmste Jahreszeit.
Die Sonne scheint oft.
Wir gehen schwimmen.

Es ist der

Es ist die bunteste Jahreszeit.
Viele Früchte werden reif.
Kinder lassen Drachen steigen.

Es ist der

Es ist die kälteste Jahreszeit.
Manchmal schneit es.
Es wird früh Abend.

Es ist der

2 Begründe, welche Jahreszeit dir am besten gefällt.

Am besten gefällt mir

Bild genau betrachten, Sätze passend ergänzen;
Antwort begründen

J j

1 Kreuze richtig an.

	ja	nein

Im Frühling

Im Frühling verkleiden wir uns. ○ ⊗

Im Frühling bauen Vögel Nester. ○ ○

Im Frühling ist das Jahr vorbei. ○ ○

Im Sommer

Im Sommer haben wir lange Ferien. ○ ○

Im Sommer laufen wir Schlittschuh. ○ ○

Im Sommer essen wir Lebkuchen. ○ ○

Im Herbst

Im Herbst blühen die Bäume. ○ ○

Im Herbst beginnt das neue Jahr. ○ ○

Im Herbst werden Äpfel geerntet. ○ ○

Im Winter

Im Winter schneit es jeden Tag. ○ ○

Im Winter feiert man Weihnachten. ○ ○

Im Winter gehen wir ins Freibad. ○ ○

J j

1 Trage die passende Jahreszeit ein.

Die vier Jahreszeiten

Wie lernst du am besten auswendig? Tausche dich aus: mit einem Partnerkind und in der Gruppe!

Der Frühling

Bunte Blüten,
junge Blätter,
alles wieder neu.
Helle Tage,
Vögel zwitschern,
ach, wie ich mich freu.

Der _____

Blauer Himmel,
Wärme, Licht –
jedem tut die Sonne gut.
Aber Achtung,
nicht vergessen,
trage einen Sonnenhut.

_____

Rote Äpfel,
reife Birnen,
jetzt werden die Blätter bunt.
Graue Wolken,
Nieselregen,
hoffentlich bleib ich gesund.

_____

Handschuh, Mütze,
Schal und Mantel,
schnell raus in den Schnee.
Schneemann bauen,
Schlitten fahren,
Kälte tut den Fingern weh.

Lesepate:

Falle, falle,
gelbes Blatt …

Auf ins Freie!

Roller aus dem Keller,
Katze aus dem Haus,
Blüten aus den Knospen,
alles kommt heraus.

Kinder aus den Stuben,
Küken aus dem Ei,
Vögel aus dem Süden
sind auch bald dabei.

Alfons Schweiggert

Blätter fallen

Falle, falle,
gelbes Blatt,
rotes Blatt,
bis der Baum
kein Blatt mehr hat,
weggeflogen alle.

Lisa Bender